Uwe Kant · Rolf Bunse

Weihnachtsgeschichten

Dieses Buch gehört:

_____

Uwe Kant

Weihnachtsgeschichten

Mit Bildern von Rolf Bunse

Ravensburger Buchverlag

Die Deutsche Bibliothek – CIP-Einheitsaufnahme

Ein Titeldatensatz für diese Publikation ist bei der
Deutschen Bibliothek erhältlich

**Die Schreibweise entspricht den Regeln
der neuen Rechtschreibung.**

1 2 3 4   05 04 03 02

Ravensburger Blauer Rabe – Leserabe
© 2002 Ravensburger Buchverlag Otto Maier GmbH
Umschlagbild: Rolf Bunse
Redaktion: Burkhard Heiland
Printed in Germany
ISBN 3-473-34460-5

Inhalt

Wie der Weihnachtsmann einmal wie Herr Doktor Hoppe ausgesehen hat

Es gongt an der Haustür.

Mein Vater guckt meine Mutter an.

Wer kann denn das nun sein?

Wer kommt denn gerade jetzt noch?

Genau zur Bescherung?

Ich weiß, wer es ist.

Es ist der Weihnachtsmann.

Er hat sich ganz genau an unsere Verabredung gehalten. Oder an meine Bestellung. Es ist genau sechs. Oder achtzehn Uhr, wie meine Eltern es ausdrücken.

Meine Eltern sagen immer: Es gibt gar keinen Weihnachtsmann, lieber Max!

Das heißt nicht, dass sie mir nichts zu Weihnachten schenken. Das soll bloß keiner glauben. Meine Eltern sind wirklich sehr nette Leute. Und ich kann sie wahrhaftig gut leiden. Wenn sich nach den Ferien alle wieder in der Schule treffen und gegenseitig die Geschenke aufzählen, dann merke ich immer, dass meine Eltern mir sogar ziemlich viel geschenkt haben.

Aber Osterhasen, Weihnachtsmänner, Weiße Frauen und andere Gespenster gibt es in unserer Familie nicht.

Klar, auch keinen Klapperstorch. Ich bin in der Südklinik zur Welt gekommen. Wir sind vernünftige Menschen, sagt immer mein Vater.

Wir sind mehr wissenschaftlich, glaube ich.

Max höre mal, sagt immer meine Mutter, wo steckt der denn das ganze Jahr über, dein Herr Weihnachtsmann?

Und wie schafft er das überhaupt so mit den
ganzen Kindern überall?
Weißt du, wie viel Kinder es allein in Großpostwitz
gibt? Na, ich danke.
Wofür mag sie danken? Dass es so viele gibt
oder so wenige? Natürlich weiß ich, wo der
Weihnachtsmann die ganze Zeit steckt. Bald ist
er im Stall, das Futter für die Rentiere prüfen.

Bald in der Schlittenstation, die Kufen polieren.

Und auch im Schriftlichen Büro. Er muss die Wunschzettel studieren und in den Gebrauchsanweisungen für die neuzeitlichen Geschenke lesen.

Er liest: <u>Com - pu - ter</u>.

Na, mal sehen, was das wieder für ein Puter ist, sagt er.

Nicht hinschmeißen, so, so. Und eine Maus gehört auch dazu, ach du liebe Güte, ist ja niedlich.

Ja, ich könnte meiner Mutter sagen, wo er steckt,
der Weihnachtsmann.
Und ich könnte ihr auch erklären, wie er das so
macht mit den ganzen Kindern. In Großpostwitz
und anderswo. Er kann eben überall zugleich sein.
Er ist ja der Weihnachtsmann, und kein Fußball-
verteidiger.
Könnte ich ihr erklären.
Aber ich glaube, es würde ihr nicht gefallen. Es ist
vielleicht unvernünftig.
Also behalte ich es lieber für mich. Allerdings,
eines muss ich zugeben:
Bei uns war auch noch nie ein Weihnachtsmann.
Also – bis jetzt.
Vielleicht geht er da ja nicht gerne hin, wo sie
immer alle sagen, es gibt gar keinen.
Na, ich sage so etwas lieber nicht.
Aber man weiß auch nicht, ob das zählt; denn
meistens zählt ja nur, was die Eltern sagen,
was bei uns auch nicht ganz und gar falsch ist,
weil meine Eltern von einer ganzen Menge
Sachen mehr Ahnung haben als ich.

Allerdings nicht vom Weihnachtsmann.

Aber so lange keiner kommt, behalten sie auch in dieser Angelegenheit Recht, wenn ich mich einmal vornehm ausdrücken soll. Und ich habe auch nur noch zwei Weihnachten Zeit, glaube ich.

Ich glaube, wenn man nachher zehn ist, so alt, dann kommen höchstens noch die eingekleideten Studenten als Weihnachtsmann …

Aber schon klingelt es wieder an der Haustür.

Die Leute suchen sich auch immer die beste Zeit aus, sagt meine Mutter.

Dabei hat sich der Weihnachtsmann die Zeit gar nicht ausgesucht.

Ich habe sie ihm aufgeschrieben.

Bitte kommen Sie pünktlich um achtzehn Uhr.

Da ist immer die Bescherung.

Wir sind nämlich pünktliche und vernünftige Menschen.

So habe ich geschrieben.

Den ganzen Nachmittag und noch einen halben.

Den Rest habe ich dem alten Doktor Hoppe lieber mündlich erzählt.

Kein Mensch unter zehn Jahren kann so furchtbar
lange Briefe schreiben.

Oho! Jetzt klingelt es aber das dritte Mal!

Es wird das Vernünftigste sein, du gehst einmal
nachsehen, sagt meine Mutter.

Immer ich, sagt mein Vater. Manchmal ist er noch
ein bisschen unvernünftig. Ja, ich habe meinen

Brief zu dem alten Doktor Hoppe getragen, weil wir ihn schon so lange kennen.

Er soll schon dabei gewesen sein, als ich in der Südklinik zur Welt gekommen bin.

Es heißt, dass er mehr als siebzig Jahre alt ist.

Das ist so gut wie hundert.

Vor dem Doktor Hoppe hat meine Mutter noch
Respekt, sagt sie jedenfalls immer. Und mein
Vater nickt immer dazu.

Wenn einer so uralt ist, kennt er den Weihnachtsmann bestimmt besser, glaube ich.

Deshalb habe ich meinen Brief zu Doktor Hoppe
getragen. Und ich habe ihm gesagt, er soll bitte
dem Weihnachtsmann sagen, beim ersten Mal
wäre es besser, wenn er so aussieht wie Herr
Doktor Hoppe.

Denn vor dem haben sie Respekt. Und sie werfen
ihn nicht gleich wieder hinaus, so wie damals den
Scherenschleifer. Bloß weil alle unsere verflixten
Scheren scharf genug waren.

Und dem Weihnachtsmann macht es bestimmt
nicht viel aus, einmal wie Herr Doktor Hoppe
auszusehen. Wenn er will, sieht er auch wie ein
Chinese aus. Oder wie ein Indianer. Afrikaner.
Däne.

So, jetzt macht mein Vater endlich die Tür auf.
In der Tür steht der Weihnachtsmann im roten
Kapuzenmantel mit weißem Kragen.

Er ist wirklich gekommen. Er hat kein Gesicht aus
Pappe wie die eingekleideten Studenten.
Er sieht haargenau aus wie der alte Doktor Hoppe.
Schlohweißes Haar, rote Wangen, blaue Augen,
die Nase ein bisschen dick.

Es ist wirklich der Weihnachtsmann. Nur er konnte
solche tolle Ähnlichkeit fertig bringen.
Ja, bitte, sagt mein Vater, um was handelt es sich?
Ach, Sie sind es, Herr Doktor Hoppe!
Na, na, Freundchen, sagt der Weihnachtsmann,
was sind denn das für Namen?

Sag doch einfach Lieber Weihnachtsmann zu mir
wie jeder vernünftige Mensch.

Und ich sehe, wie er meinem Vater mit einem
seiner blauen Weihnachtsmannaugen kräftig
zuzwinkert.

Meine Mutter kommt die Treppe herunter, schiebt
mich beiseite.

Was ist denn los, sagt sie, es wird Zeit für die
Bescherung, gib dem Mann fünf Mark.

Ach, Entschuldigung, meine Güte, das ist ja
Herr Doktor Hoppe!

Nein, nein, sagt mein Vater, siehst du das nicht,
es ist der Weihnachtsmann!

Und nun zwinkert er meiner Mutter zu.

Und der Weihnachtsmann guckt an beiden
vorbei und – jetzt mit dem anderen seiner blauen
Weihnachtsmannaugen –
zwinkert er mir nun auch noch zu.
Ich kann euch sagen: Noch nie ist bei uns
zu Weihnachten so viel gezwinkert worden.
Und nachher im großen Salon
hat der Weihnachtsmann gesagt:
Ich sehe, an Geschenken hat es keinen Mangel,
liebe Kinder. Aber es wird wohl Zeit,
dass wir ein paar Lieder und Gedichte lernen,
liebe Kinder …
Mein Vater wird richtig rot im Gesicht, und meine
Mutter hustet verlegen. Sie tun mir Leid, denn sie
haben ja nicht gewusst, dass der Weihnachtsmann
heute bei uns sein wird. Und so haben sie sich
natürlich auch nicht vorbereiten können.
Da bin ich besser dran. Ja, sage ich, lieber
Weihnachtsmann, ich weiß eins.
Na, dann lass uns mal hören, lieber Max, sagt er
nun haargenau mit der Stimme von Herrn Doktor
Hoppe.

Gut, sage ich und fange an:

Leise rieselt der Schnee

Still und starr ruht der See

Weihnachtlich glänzet der Wald

Freue dich, Christkind kommt bald …

Wundschzetel

Hannes Thom sitzt am Tisch und schreibt.
Er schreibt einen Wunschzettel.
Hannes wohnt in einem Haus mit tausend
Klingeln.
Ach was, sagt seine Mutter, die Frau Thom,
es sind genau hundertvierundzwanzig.
Sie wird wohl Recht haben. Sie kennt alle Zahlen,
die es gibt. Und sie kann ganz schnell im Kopf
zusammenzählen. Fast so schnell wie ihre Kasse
im Supermarkt, wo sie als Kassiererin arbeitet.
Aber Hannes gefällt die Zahl Tausend besser als
die Hundertvierundzwanzig.
Und gut rechnen kann er selbst.
So geschwind und expressmäßig, dass der Lehrer
sich oft wundert.
Ja, sagt seine Mutter immer ganz stolz,
ja, das hat er von mir. Wir sind Zahlenmenschen,
wissen Sie.
Aber jetzt muss Hannes etwas schreiben.
Und das kann er leider gar nicht gut.

Vielleicht ist er ein Zahlenmensch, aber ein Buch-
stabenmensch ist er leider überhaupt nicht.
Im Lesen und Schreiben hat er eine Schwäche.
Eben eine Lese-Rechtschreib-Schwäche, wie der
Schularzt gesagt hat, was natürlich dasselbe ist.
Es gibt sogar ein lateinisches Wort dafür. Aber das
ändert auch nichts daran.
Von wem er das hat, sagt niemand. Und keiner hat
sich dafür gemeldet.
Vielleicht von seinem Vater, dem Segler?
Hannes hat seinen Vater noch nie gesehen.
Dein Vater? Ach, der ist Segeln gefahren, Junge,
hat seine Mutter ihm immer geantwortet, als er
noch klein war.
Aber jetzt fragt er sie gar nicht mehr.
Vielleicht ist er Segeln gefahren,
weil er nicht lesen und schreiben mochte.
Das könnte man beinahe verstehen; denn schwer
ist es wahrhaftig.
Aber Hannes wird jetzt schreiben. Das wäre ja
noch schöner. Es ist Weihnachtszeit. Alle Kinder
schreiben Wunschzettel. Auch Hannes.

Er schreibt einen Wunschzettel für den Wind!

Für seine Mutter möchte er keinen schreiben.

Sie schenkt ihm immer von ganz alleine schöne
Sachen.

Aber sie hat kein Geld übrig für noch mehr
Geschenke.

Und man weiß nicht, wie die Preise sind.

Die kleinen Sachen sind oft viel teurer als die
großen, wenn man nur einmal an Goldkörner oder
Diamanten denkt. Einmal hat sich Hannes einen

wirklich winzig, winzig kleinen Fernseher
gewünscht, der auf seine Hand passte.
Aber seine hübsche und lustige Mutter hat
beinahe geweint, weil das Ding doch teurer war
als der große Plastekasten in der Küche.

Nein, Hannes schreibt jetzt einen Wunschzettel für
den Wind.
Wenn der Zettel fertig ist, wird er ihn vom Balkon
fliegen lassen!
Der Wind trifft viele Leute, denen es egal ist, was
die Sachen kosten. Und solche, die nicht gleich
erschrecken, wenn er sich ein Tier wünscht.
Ein Meerschweinchen oder ein Angorakaninchen
oder einen Nymphensittich.

Auch ein Brillenkaiman wäre recht.

Ein Yorkshireterrier!

Oje, was für schrecklich lange und schwere
Wörter! Die schafft er niemals.

Die kann er sich nicht wünschen!

Ein leichteres Tier bitte schön.

Ja, einfach ein einfacher Hund!

Hannes schreibt: 1 Hund.

Das ist nicht schwer.

Aber dann fällt ihm ein, dass die Wörter meistens
anders geschrieben werden, als er sie hört.

Besser man gibt noch ein h dazu. Nur nicht
knausern mit den Buchstaben, wenn ein einzelner
Mensch schon vierundzwanzig verschiedene
davon lernen muss.

Hannes schreibt: 1 Huhnd

Puh, das wäre geschafft.

Jetzt kann er noch ganz andere Sachen wagen.

In den Wind, nur so in den Wind.

Wie hat Gesines Vater bei Gesines Geburtstag
so eine knusprige Pizza nach der anderen
gebacken?

In einem Mikrowellenofen mit Pizzaspezialstufe.

Das wäre überhaupt icy oder cool, so ein Gerät zu
Hause zu haben. Könnte man sich Nudeln mit
Ketschup und Pizza machen, wenn Mutter wieder
lange Schicht hat.

Hannes überlegt sehr, sehr stark, dann schreibt er:

1 Mickripizza. In den Wind, in den Wind.

Bestimmt bisschen falsch geschrieben, denkt er,
zu kurz, viel zu kurz. Aber vielleicht richtig genug?
Vielleicht findet der Wind einen Menschen, der
sich den Rest denken kann.
Ob man sich auch einfach einen anderen Vater
wünschen sollte?
Nur so? Aus Spaß? Zu Weihnachten nur mal?
Lieber nicht; denn so etwas kann schief gehen.
Da hat seine Mutter wohl auch noch ein Wörtchen
mitzureden. Das ist so eine Sache mit den
Männern und den Frauen, wie man fast jeden
Tag im Fernsehen erleben kann.
Aber – vielleicht – einen Opa?
Wenigstens, wenigstens für Mittwoch.
Mittwochs geht seine Mutter immer in die Sauna.
Am Mittwochabend fürchtet sich Hannes immer
ein bisschen, worüber er sich auch gleich noch
ärgert; denn er könnte nicht sagen, warum er sich
fürchtet. Bloß so ein dummes Gefühl. Und wie er
so an den gruseligen und ärgerlichen Mittwoch
denkt, da schreibt er auch schon ganz tapfer hin:
1 Ohpa mit Woh.

Genug; denn er ist schließlich kein Schriftsteller.

Nun schreibt er nur noch Ende, nämlich <u>Ente</u>.

Hannes macht die Balkontür auf.

Er hört die Weihnachtsmusik vom Markt schallen.

Er sieht die Lichterketten blitzen und funkeln.

Den Wunschzettel faltet er wie einen Papierflieger.

Ein kalter Windstoß fegt heran und wirbelt den
Zettel in die Höhe.

Schon ist er auf und davon!

Einen Augenblick noch dreht Hannes den Hals
nach seinen fliegenden Wünschen.
Wohin, wohin?
Am besten, am besten zu einem kleinen Öl-
scheich, einem Ölscheichenkelsohn aus dem
Morgenland.

Ich bringe ihm das Rechnen bei, denkt Hannes,
damit er seine Millionen besser zählen kann, und
er schenkt mir diese Mikri Mikro und so weiter.
Und dann gleich weiter zu den Eskimo. Die haben
Opas übrig und schieben sie aufs Eis, wenn sie
nicht mehr gebraucht werden. Na, das war wohl

mehr früher; jetzt fahren die Eskimo ja mit Motor-
schlitten und bringen ihren Opas Pommes und
Dosenbier mit.

Aber über genügend Hunde verfügen sie immer
noch, wenn auch so einem Eskimohund die enge
Wohnung nicht gefallen wird.

Also besser noch zu den Mexikanern, von denen
Hannes gerade vorgestern im Fernsehen gesehen
hat, wie die armen Leute sich dort in ihren Hütten
ganz kleine Hunde halten. Heißen Tschiwawa oder
so.

Die kann man in die Tasche stecken.

Höchstens die Ohren gucken raus …

Aber ganz so weit hat der Wind den Wunschflieger
nicht getragen. Nur einen Balkon höher! Nur bis
auf Herrn Wipps Balkon.

Herr Wipp ist noch ein junger Mann. Er ist nicht
älter als die Mutter von Hannes. Aber er lebt
alleine; denn seine Frau ist nach einem Unfall
gestorben.

Manchmal ist Herr Wipp traurig.

Vor allem zur Weihnachtszeit. Dann geht er auf
den Balkon und guckt lange in die Luft.

Er hört die Weihnachtsmusik vom Markt schallen.

Er sieht die Lichterketten blitzen und funkeln.

Was kommt da geflogen? Ein Papierflieger!

Schon hält Herr Wipp ihn in der Hand.

Sehr geschickt gefaltet, denkt Herr Wipp, der
selbst ein sehr geschickter Mann ist.

Der schafft noch einen Start, sagt er bei sich.

Schon hält er ihn zwischen Daumen und Finger
wieder in die Höhe, den Wind abzuwarten.

Gleich, gleich. So – vielleicht jetzt!

Starterlaubnis erteilt! Rollbahn Nummer drei!

Da sieht Herr Wipp etwas Geschriebenes auf der Unterseite der Flügel. Lufthansa heißt es nicht direkt, aber was heißt es wirklich? Herr Wipp trägt den Papierflieger in seine kleine Küche, in der er gerne sitzt und liest, obwohl eine Küche ja mehr zum Kochen gedacht ist. Er kann auch gut kochen, aber alleine essen – das macht nicht so viel Spaß.

Herr Wipp faltet den Flieger auseinander.

Meine Güte, sagt er, was für eine Sauklaue!

Er buchstabiert sich durch das ganze Papier:
Wundschzetel von Hannes Thom in Wind
1Huhnd, 1 Mickripizza, 1Ohpa mit Woh, Ente.
Hm, sagt Herr Wipp, eine Geheimbotschaft, wie?
Mein lieber Hannes Thom, wie du eventuell heißt,
das Schreiben ist nicht gerade deine Stärke.
Aber Geflügel mag er, Appetit hat er.
Huhn und Ente. So, so. Und eine Pizza noch dazu,
wenn auch eine mickrige. Sagt zu sich selbst Herr
Wipp.
Ohpa mit Woh? Kann doch nur Opa mit Wohnung
bedeuten!
Herr Wipp tippt sich an die Stirn. Meine Güte,
denkt er, ich denke an Handschrift und Recht-
schreibung, als ob das wichtig ist! Irgendwo sitzt
ein armes Kind, das hungrig ist, und ohne Obdach.
Zur Weihnachtszeit! Wo? In Wind? In Wind?
In Herrn Wipps kleinem Atlas gibt es keinen Ort
namens Wind. Aber einige fangen damit an.
Zum Beispiel Windischeschenbach. Vielleicht dort.
Der Name ist so lang, der war ihm zu schwierig.
Ja.

Oje. Das ist weit weg. Das ist ja in Bayern.

Man kann nicht einfach nach Bayern fahren …

Aber man muss ihm doch helfen …

Es ist ja auch kalt …

In Bayern ist es besonders kalt …

Seine Türklingel schreckt Herrn Wipp auf. Es ist
ein Bote, der Kataloge austrägt.

Bitte schön! Ach, könnten Sie wohl den für Thom
auch annehmen? Da ist nur der Junge zu Hause.
Und der macht nicht auf, wenn er allein ist.

Tja, sagt Herr Wipp noch ganz in Gedanken,
ich weiß nicht, so viele Leute im Haus, man kennt
gar keinen. Hier kennt ja keiner den anderen,
wissen Sie.

Man sieht sich gerade mal im Aufzug.

Ja, ja, sagt der Bote, so ist das, aber diese Leute
wohnen ja genau unter Ihnen, Herr Wipp!

Auf Wiedersehen, Herr Wipp, schönen Dank!

Da steht Herr Wipp mit zwei Katalogen.

Ja, Augenblick, genau unter mir, sagen Sie? Aber der Bote ist schon fort. Herr Wipp liest auf dem Aufkleber: Claudia Thom, Große Straße 3b, 9. Etg. Tatsächlich, er selbst wohnt ja in der zehnten. Claudia. Klingt angenehm. Würde zu der zierlichen Frau ganz gut passen, die manchmal in der Neunten aussteigt. Oder zusteigt. Claudia – Thom? Thom! Herr Wipp klatscht sich an die Stirn.
Wo ist der verflixte Zettel? Wo ist er? Hier!
Hier: Hannes Thom in Wind.
Na klar. Das ist ja nicht zu glauben. Ein Ding! Oder wie sagen sie jetzt: Cool. Ist im Wind geflogen gekommen direkt aus der fernen, fernen neunten Etage. Aus der Hand des „großen Rechtschreibers".
Ich werd verrückt.
Aber Herr Wipp wird gar nicht verrückt. Er denkt lange nach. Lacht auch, schüttelt den Kopf.
Abends ruft er bei Frau Thom an:
Frau Claudia Thom, herzlichen Glückwunsch!
Hier Kochstudio Lukullus. Sie haben im Preisausschreiben ein Abendessen für den 24. Dezember gewonnen. Nein, für drei Personen. Ja, auch wenn

Sie nur zwei halbe sind. Ja, das wird gebracht.
Nein, Sie können sich fest darauf verlassen,
gnädige Frau.

Seht ihr Herrn Wipp dort in seiner kleinen Küche?
Hört ihr es brutzeln? Riecht ihr die Düfte?

Und Heiligabend steht er vor der Tür …
mit einer großen Tasche, darinnen
ein goldbraun gebackenes Hähnchen,
eine kleine, aber knackige Pizza

und ein Entenbrustbraten mit Mandarinen,
Mandeln und Ananas.
Genau, wie er es dem Wunschzettel entnommen
hat: Huhnd, Mickripizza, Ente.
Hannes und seine Mutter stehen in der Tür.
Entschuldigung, sagt Hannes Mutter Claudia, das
klingt jetzt bisschen doof, so toll wie das riecht,
aber haben Sie einen Ausweis oder so was?
Na klar, sagt Herr Wipp und gibt ihr den Wundsch-
zetel von Hannes Thom in Wind zu lesen.

Ach du gütiger Himmel, sagt Frau Thom, Claudia,
und sie wird ein bisschen rot.
Herr Wipp sagt zu Hannes: Tut mir Leid, ein Opa
bin ich allerdings nicht. Und Hannes Mutter sagt
zu Herrn Wipp: Das muss Ihnen aber wirklich nicht
Leid tun. Hannes aber guckt beide an und sagt
ganz fehlerfrei: Frohe Weihnachten!

Alles elektrisch

Heute ist Heiligabend.

Endlich, denkt Agnes. Und da kommen auch die
Eltern. Endlich.

Lange hat sie an der Bushaltestelle gewartet.

Es sind nicht mehr viele Leute unterwegs. Einmal
ist ein Mädchen in ihrem Alter mit einem ganz
und gar entzückenden Dackel vorbeigegangen,
und Agnes hat ein paar Sekunden geträumt,
wie es wäre, wenn …

Einmal ist ein uralter Mann ausgestiegen und hat
verwundert den Kopf gedreht nach den vielen
erleuchteten Fenstern in den Hochhäusern rings-
herum. Er hat Agnes angesprochen in einem Ton

so ruhig und freundlich, dass sie gar keine Angst gehabt hat.

Segg mal, mein Deern, kann das woll angehn, dat dat hier die Fischerinsel is? Ja? Wirklich wahr? Na, nach Fische sieht dat hier ja man nich aus.

Und er ist kopfschüttelnd weitergegangen.

Mädel, sagt der Vater, was stehst du hier rum, in der Kälte. Ohne Schal, sagt die Mutter.

Mir war so nach Abholen, sagt Agnes.

Sie haben wieder bis zur letzten Minute in ihrem kleinen Reisebüro gearbeitet. Freiwillig.

Der Abschluss, Kind, der Abschluss! Jedes Jahr dasselbe.

Vor dem Eingang fällt dem Vater der Schlüssel aus der Hand. Mist, sagt er, vielleicht kann mir mal einer was abnehmen.

Hab selber alle Hände voll, sagt die Mutter.

Sie sind wieder nervös. Sogar Heiligabend. Schade.

Ach, entschuldigen Sie auch vielmals, sagt jemand, ob Sie mir mal sagen könnten, wo das Haus Numero sechs c ist?

Ja, es ist der alte Mann von der Haltestelle.
Er ist kurz aber breit. Auf dem Kopf trägt er eine
runde Mütze mit blankem schwarzem Schirm.
Auf dem Rücken einen großen Rucksack mit
Schnallen und Riemen. Dazu schleppt er noch
eine bauchige Henkeltasche aus Kunstleder.
Seine Jacke sieht aus wie ein abgeschnittener
dicker Wintermantel.
Der Vater sagt: Sechs c? Weiß der Kuckuck!
Mensch, Pappa, sagt Agnes.
Die Mutter sagt: Ja, nehmen Sie es nicht übel,
ich finde hier auch nie was.
Aber ich, sagt Agnes, das ist da bei der Apotheke.
Der alte Mann guckt sich in dem neuen Lift ganz
genau die blinkende Schalttafel und das rötlich
leuchtende Display an.

Alles elektrisch, sagt er anerkennend. Er nimmt die Mütze ab und wischt mit einem großen Taschentuch den Schweiß von der Stirn. Ob er elektronisch meint?

Elfter Stock, hier muss es sein, sagt der Vater. Er ist lieber mitgekommen; die Mutter soll schon das Essen vorbereiten.

Ihre Kinder hätten Sie aber auch abholen können, sagt der Vater zu dem Alten.

Nee, man bloß nich, bloß nich, das soll doch 'ne richtige lütte Überraschung werden, sagt der Alte.

Aus den Wohnungen quillt Weihnachtsmusik in das Treppenhaus. Oh Tannenbaum, Jinglebells, Süßer die Glocken nie klingen. Trompeten und Orgeln.

Hier, sagt Agnes, hier steht es: Dr. Breier.

Ja, sagt der Vater, dann läuten Sie mal schön die Glocken. Da ist der Knopf. Alles elektrisch.

Er dreht sich auf den Hacken um.

Aber Agnes bleibt stehen. Warte doch mal, warte. Niemand macht auf.

Sie horchen zu dritt. Nichts.

Überraschung, sagt der Vater. Er holt tief Luft und
wummert mit der Faust gegen die Tür. Nichts.
Noch einmal.
Die Tür geht auf – die vom Nachbarn. Eine Frau,
stark wie ein Sumo-Ringer, guckt empört heraus.
Sie hält ein goldenes Glöckchen in der Hand.
Müssen Sie solchen Lärm machen, Heiligabend?
Der kurze aber breite Uropa tritt tapfer vor sie hin.
Er sagt: Dat is bloß meine Schuld, es ist wegen,
wegen der Überraschung.

Ja, wissen Sie nicht, dass Herr Dr. Breier um die
Zeit jedes Jahr mit seiner Gattin nach Jamaika
fährt?
Mit wem? Wohin? Du liebe Zeit!

Im Lift nach unten schüttelt der alte Mann immer
wieder den Kopf. Jamaika! Mit seiner Gattin!
Du liebe Zeit! Eine Zucht ist das! Alles elektrisch.
Unten sagt der Vater: Ja, also, wie kommen Sie
denn nun nach Hause? Wo müssen Sie denn hin?
Ich? Ach Gott, bloß nach Tönde über Visserhagen.
Na, das ist ja nicht ganz so weit wie Jamaika.
Pappa, sagt Agnes, Herr Breier kommt mit uns!
Was meinst du?
Ich glaub's auch bald, sagt endlich der Vater.

Mein Name is Jochen Moll, angenehm, sagt der
weit Gereiste, Breier is man bloß mein Schwiegersohn.
Pappa, sagt Agnes, manchmal kann ich dich
richtig leiden. Oder auch küssen.

Nicht so viel Lob, sagt der Vater,
schon manch einer ist davon übergeschnappt.
Nun fahren sie in ihrem Haus nach oben.
Wie in sechs c. Der gleiche Lift. Die gleiche Musik
im Treppenhaus. Alles elektrisch.
Der alte Mann schüttelt immer noch den Kopf.
Jamaika! Mit seiner Gattin! Eine Zucht ist das!

Die Mutter ist nicht weit gekommen mit dem
Essen.

Es sollte heiße Würstchen und Salat geben. Wie
immer. Das macht nicht so viel Arbeit. Lässt auch
Platz für die süßen Sachen. Und den Gänse-
braten, den köstlichen, den gibt es sowieso immer
am ersten Feiertag. Aber es sind keine Würstchen
zu finden. Dafür sehr viel Salat.

Du solltest doch die Würstchen mitbringen!

Nein, ich den Salat – du die Würstchen!

Nein, umgekehrt!

Hört doch auf, es ist Heiligabend, sagt Agnes.

Der alte Mann macht eine kleine Verbeugung zur

Mutter und sagt: Angenehm, Jochen Moll mein Name, ich hätte sonst noch bisschen Sauerfleisch mit, wenn es daran fehlen sollte.

Und mein Schwiegersohn is ja mit seiner Gattin, wat meine Tochter ist, nach Hawaii gefahren, nee, nach Jamaika, und nun mach ich Ihnen hier diese ganzen Umstände, da können wir man auch das Sauerfleisch selber essen.

Sauerfleisch? Der Vater hebt interessiert die Nase. Er sagt: Kommen Sie mal, Herr Moll, ich helfe Ihnen mal mit dem Rucksack. Die Tasche stellen Sie ruhig da in die Ecke. Die Joppe häng ich gleich weg. So.

Das Sauerfleisch riecht sehr angenehm. Die Eltern langen tüchtig zu.

Donnerwetter, sagt der Vater mit vollem Mund, zwanzig Jahre kein Sauerfleisch, wie konnte ich das bloß aushalten!

Schmeckt sehr gut, Herr Moll, sagt die Mutter.

Ja, das macht immer die Elvira, sagt Jochen Moll, man nehme ein schönes Stück Schweinefleisch, koche es sauer ein, mit so'n richtigen Schuss

Essig, würze tüchtig mit Zwiebeln, Piment und
Lorbeer! Oder so ähnlich, da müssen Sie Elvira
nach fragen.

Agnes traut dem Leckerbissen nicht so ganz. Sieht
sie da nicht ein paar Schweineborsten? Aber sie
probiert, weil sie Herrn Moll nicht beleidigen will.
Gott sei Dank! Es schmeckt wirklich ganz prima.
Bravo, Elvira!

Nach dem Essen kommt die Bescherung vor dem
Weihnachtsbaum. Agnes hat ihn alleine aufgestellt
und geschmückt. Und alle sind begeistert.

Der Vater bekommt von der Mutter: teures Rasier-
wasser, ein seidenes Hemd mit einem italieni-
schen Namenszug und eine passende Krawatte
sowie ein Sortiment Dübel. Die Mutter erhält vom
Vater: teures Parfüm, einen Riesen-Handschuh
in Patchwork, mit dem man heiße Töpfe anfassen
kann, und einen bunten Kaschmirschal. Ähnliche

Sachen haben sie sich zum vorigen Weihnachts-
fest auch schon geschenkt. Eigentlich sind sie
ganz lieb, denkt Agnes, aber sie haben einfach zu
wenig Zeit. Agnes packt ein großes Brettspiel, ein
buntes Buch, und einen Pulli aus. Sie macht auch
den Umschlag mit dem 100-Mark-Schein für das
Sparkonto auf. Danke. Danke. Danke.

Das Spiel ist interessant, denkt Agnes, aber wer hat Zeit, mit ihr zu spielen?

Das Buch ist doof. Es handelt von Sauriern, die Kekse backen und so. Der Pulli ist schön warm; Geld ist immer gut. Na ja, die Eltern haben auch wirklich wenig Zeit. Und sie ist ja kein kleines Kind mehr – die Zeit der großen Überraschungen und Wunder ist eben vorbei.

Ja, Herr Moll, sagt die Mutter, nun haben wir gar nichts für Sie! Ja, Mensch, sagt der Vater.

Doch, sagt Agnes, wir setzen uns jetzt alle mit Herrn Moll auf das Sofa und machen ein schönes Foto, das kann Herr Moll mitnehmen und Elvira zeigen!

Der Selbstauslöser blinkt, der Blitz blitzt.

Oh, wat für Umstände, sagt Herr Moll.

Aber warten Sie mal, sagt er, bisschen was hätt ich auch noch, eh ich das wieder mitschleppen tu.

Aus dem Rucksack bringt er nach und nach zum Vorschein: Zwei Paar handgestrickte Socken aus dicker Schafswolle, ein großes Glas mit hausschlachtener Leberwurst, zwölf frische Eier

von den eigenen Hühnern zu Hause und ein alt-
modisches Fotoalbum.

Bloß mal zum Angucken, sagt Herr Moll, es
handelt von der früheren Zeit auf'm Dorf, wie
Herrn Dr. Breier seine Gattin, wat vormals meine
Tochter war, und die jetzt in Jamaika weilt, noch
so ganz klein gewesen ist.

Gucken Sie mal hier, das war ja unser Pferd.
Und die Dicke, dat is ja Elvira.

Der Vater sagt: Oh ja, diese Schlaghosen, die sind
ja jetzt wohl wieder modern!

Die Mutter sagt: Guck dir bloß mal die Frisuren an!
Agnes freut sich, dass es allen gut geht. Sie liest
die Spielregeln des neuen Spiels, ganz schön
ulkig. Aber wer wird mit ihr spielen?
Einen Augenblick sind alle ganz still und gucken
auf den Baum, den Agnes so schön geschmückt
hat.
Und wie sie so still sitzen, da hören sie alle das
gleiche Geräusch. Ein ganz feines Geräusch.
Nicht vom Fernseher. Der steht ausgeschaltet in
der Ecke und sieht ein bisschen wie beleidigt aus.
Weint da jemand oder beklagt sich?
Jochen Moll kratzt sich verlegen hinterm Ohr.
Ach Gott, ja, jetzt ist sie aufgewacht, sagt er, wir
haben ihr extra bisschen Baldrian in die Milch
getan, aber nu war es wohl doch zu lange.
Tja, wenn sie auch immer nach Jamaika rüber-
düsen müssen! Ich mein, stubenrein is sie so weit,
das wär nich das Problem.
Die Eltern gucken ihn verständnislos an.Und
Agnes denkt, sie muss vor Glück gleich tot
umfallen. Die Tränen schießen ihr in die Augen

und sie faltet die Hände vor dem Gesicht: Aus der bauchigen Henkeltasche klettert unternehmungslustig die allerallersüßeste kleine Katze, die der Mensch jemals auf Erden und im Weltenraum erblickt hat.

Klettert heraus, läuft auf zierlichsten Beinen, den Schwanz steil in die Höh schnurstracks zu Agnes, als hätte sie nie etwas anderes getan, springt ihr auf den Schoß und fängt schon an zu schnurren wie ein kleiner Elektromotor.

Wir haben sie Lucie genannt, sagt Jochen Moll, aber es kann auch ein Kater sein. Die heißen bei uns immer Moritz. Egal, ob zu Ostern oder zu Weihnachten.

Geschichten zum fröhlichen Schmökern

Werner Färber / Iris Hardt
Vampirgeschichten
Bissig geht es zu – und witzig sowieso! Eine Vampir-Dame will nicht mehr im gleichen Sarg mit ihrem Mann schlafen, weil er schnarcht. Ein Vampir mit bestem Gebiss wird Werbestar. Victor Vampinello und Vera Beißdichkova treiben ihr Unwesen usw.

ISBN 3-473-**34455**-9

Jo Pestum / Fred Ruillier
Fußballgeschichten
Bastian klaut seinem Bruder einen Lederball, damit er nicht mehr mit dem doofen Plastikball spielen muss.
Als die Jungs von der Astrid-Lindgren-Schule gegen die „Kästner" spielen, kriegen sie keinen Ball ins Netz.
Der Kästner-Torwart ist – ein Mädchen!

ISBN 3-473-**34456**-7

Peter Abraham /
Wilfried Gebhard
Piratengeschichten
Weil Joe nur Unsinn im Kopf hat, schickt ihn sein Vater zum strengen Kapitän Dodel-kog aufs Schiff. Mary und Esther werden, als Jungs verkleidet, Flusspiraten. Esmeralda, von Piraten gefangen, verliebt sich in den Schiffsjungen.

ISBN 3-473-**34457**-5

Gute Idee.

Ravensburg